BEI GRIN MACHT SICH IHR
WISSEN BEZAHLT

Fitnessprogramm zur Linderung von Rückenschmerzen. Straffen und Stärken und Freude am Training

Bibliografische Information der Deutschen Nationalbibliothek:

Die Deutsche Nationalbibliothek verzeichnet diese Publikation in der Deutschen Nationalbibliografie; detaillierte bibliografische Daten sind im Internet über http://dnb.d-nb.de abrufbar.

ISBN: 9783346956033
Dieses Buch ist auch als E-Book erhältlich.

© GRIN Publishing GmbH
Trappentreustraße 1
80339 München

Druck und Bindung: Books on Demand GmbH, Norderstedt Germany
Gedruckt auf säurefreiem Papier aus verantwortungsvollen Quellen

Das vorliegende Werk wurde sorgfältig erarbeitet. Dennoch übernehmen Autoren und Verlag für die Richtigkeit von Angaben, Hinweisen, Links und Ratschlägen sowie eventuelle Druckfehler keine Haftung.

Das Buch bei GRIN: https://www.grin.com/document/1405089

Deutsche Hochschule für

Prävention und Gesundheitsmanagement

Hermann Neuberger Sportschule 3

66123 Saarbrücken

Einsendeaufgabe

Fachmodul: Trainingslehre I

Studiengang: Bachelor of Arts Fitnessökonomie

Datum
Präsenzphase: 15.04.2019 – 18.04.2019

Studienort: **Frankfurt**

Semester: **Wintersemester 2018**

Inhaltsverzeichnis

1 Diagnose

1.1 Allgemeine und biometrische Daten

Tabelle 1- Allgemeine und biometrische Daten

Alter:	22 Jahre alt
Geschlecht:	Weiblich
Körpergröße:	1,66m
Körpergewicht:	54 kg
Trainingsmotive:	Muskelaufbau, Rückenschmerzen lindern, sportlicher Ausgleich zum ehemaligen Tanzen
berufliche Tätigkeit:	Industriekauffrau, sitzende Tätigkeit
aktuelle sportliche Aktivität:	Seit einem Jahr im Fitnessstudio, unregelmäßig und ohne richtigen Trainingsplan
frühere sportliche Aktivität:	Tanzen
Leistungsstufen:	Showtanz, Leistungs Tanzen
Trainingsumfang:	3x die Woche, 3-6 Stunden die Woche
Zeitlicher Verfügungsrahmen:	3x die Woche, für 1 ½ Stunden
Biometrischer Parameter Blutdruck:	118/75
Bewertung des Blutdrucks anhand Normwerten:	Der Blutdruck liegt im optimalen Bereich, Normwerte: Systolischer Blutdruck unter 120 mmHg; Diastolischer Blutdruck unter 80 mmHg (Herzbewegt)
Allgemeiner Gesundheitszustand:	Sehr gut
Orthopädische Probleme:	Beschwerden in der BWS
Internistische Probleme:	Keine
Ärztliche Behandlungen:	Keine
Medikamenteneinnahme:	Keine
Sonstige gesundheitliche Einschränkungen:	Keine
Belastbarkeit/Trainierbarkeit:	Gut

1.2 Krafttestung

1.2.1 Auswahl des Krafttests

Um das Trainingsgewicht optimal zu wählen, wird sie ein subjektives Belastungsempfinden (Fröhlich, 2004) an den Grundübungen tätigen. Dies ist der Krafttest, um zu wissen mit welchem Gewicht sie zukünftig trainieren wird. Aufgrund des Vorwissen von ihrem alten Studio, kann sie einfacher einschätzen mit welchem Gewicht sie starten muss. Weil das Training Rückenspezialisiert ist, ist es einfach einzuschätzen, ab wann es schmerzhaft ist oder noch angenehm zum trainieren.

1.2.2 Testablauf

Sie starten mit dem Langhantel Rudern, dort wird als erstes, ohne Gewicht, nach der Ausführung der Übung geschaut. Darauf folgt eine Gewichtszunahme in 1,25kg Schritten. Da bei der Übung der Schwerpunkt auf dem Rücken liegt und dort ihr gesundheitliches Problem ist, arbeitet man hier mit wenig Gewicht, um die Muskeln an den Bewegungsablauf zu gewöhnen. Weiter geht es mit dem Butterfly. Hier hat sie bereits schon einmal trainiert und weiß mit welchem Gewicht sie starten muss. Wichtig ist, dass sie die Wiederholung bis zum Schluss sauber ausführt. Um das zu erzielen, geht man am Anfang mit dem Gewicht 2,5kg runter. Darauf folgt die Kniebeuge mit der Langhantel. Hier wird zunächst geschaut, wie die Ausführung ist und das Gewicht angepasst. Man startet der Stange (20kg) und sie steigert das Gewicht bis 7,5 kg pro Seite. Bei den Face Pulls startet man bei 2,5 kg, da die Schulterblattansteuerung für sie sehr schwer ist, muss daher die Bewegung mit wenig Gewicht optimal angesteuert werden. Nach einigen Wiederholungen steigert sie das Gewicht auch hier in 2,5 kg Schritten. Bei der Unterarmstütze wird kein subjektives Belastungsempfinden durchgeführt. Es ist wichtig diese Position einzuhalten, um den ganzen Körper zu stärken. Somit ist vorgegeben, dass sie mindestens 30 - 45 Sekunden durchhält. Ebenso wird der Rückenstrecker auch nicht nach dem subjektiven Belastungsempfinden getestet. Hier arbeitet man ohne Gewicht und es geht um die Ausführung auf die man achten muss. Zukünftig kann man bei der Unterarmstütze und bei dem Rückenstrecker mit Gewicht arbeiten.

Alle Übungen führt sie 20 Wiederholungen aus, um das genaue Gewicht zu ermitteln, sodass sie saubere Wiederholungen ausführt und nach den 20 Wiederholungen das Gefühl auf der Borg Skala 18 hat.

1.2.3 Testendergebnisse

Tabelle 2 - Testergebnisse

Testübung	Wiederholungen	1.Testsatz	2.Testsatz	Endergebnis
Langhantel Rudern	20	Nur die Stange (20kg)	2,5kg	2,5 kg
Butterfly	20	15 kg	17,5 kg	17,5 kg
Kniebeuge	20	Nur die Stange(20kg)	5 kg	7,5 kg
Face Pulls	20	2,5 kg	5 kg	5 kg

1.2.4 Schlussfolgerung

Dadurch, dass sie noch am Anfang des Trainings ist, hat man hier keinen Vergleich zum vorherigen Training. Allerdings steigert sie zukünftig das Gewicht alle 6 Trainingseinheiten (Akademie-sport-gesundheit.de), soweit dies möglich ist und muss die Progression dokumentieren. Durch den Test hat man das Startgewicht ermittelt und steigt so in den ersten Mesozyklus ein. Die Leistungsentwicklung wird durch die Gewichtssteigerung unter Vorbehalt der sauberen Technik optimiert.

2 Zielsetzung/Prognose

2.1 Unterteilung in Haupt-, Teil- und Feinst Ziele

Tabelle 3 - Unterteilung in Haupt-, Teil- und Feinst Ziele

Hauptziel
→ Langfristig erreichbar
→ Rückenbeschwerden lindern, gezieltes Muskelaufbautraining im Bereich Rücken
Teilziel
→ Mittelfristig erreichbar
→ Straffung und Stärkung des kompletten Körpers, Wohlbefinden aufbauen
Feinst Ziel
→ Kurzfristig erreichbar

> → Spaß und ein Ausgleich zum ehemaligen Tanzen und Arbeitsleben sollte in jedem absolvierten Training vorhanden sein

2.2 Zieldefinition

Tabelle 4 - Zieldefinition

Inhalt	Ausmaß	Zeit
1. Rückenbeschwerden lindern (Biometrisches Ziel)	Der größte Wunsch ist nach 8 Stunden Arbeit am Tag aufstehen zu können und keine Beschwerden mehr haben. Wieder ruhig schlafen und spazieren gehen zu können ohne Beschwerden. Entspannt am Schreibtisch sitzen und auf die Arbeit konzentrieren, anstatt auf die Rückenschmerzen.	Innerhalb von 1-3 Monaten sollten leichte Veränderungen zu spüren sein. Ab 6 - 8 Monaten sollten die Rückenschmerzen kaum mehr vorhanden sein.
2. Straffung und Stärkung, Wohlbefinden (Sportmotorisches Ziel)	Ein Kasten Wasser in den 3. Stock tragen, ohne komplett kaputt zu sein. Lieblingskleid wieder gerne anziehen wollen.	Innerhalb von 3 - 4 Monaten
3. Spaß und Ausgleich zum Tanzen und zur Arbeit (Biometrisches Ziel)	Den Kopf frei bekommen. Den Stress hinter sich lassen. Spaß am Leben haben!	Ab dem 1. Tag!

2.3 Ziel 1: Rückenbeschwerden lindern

Das wichtigste für sie ist es, ihre Rückenschmerzen so schnell es geht zu lindern. Aus dem Grund, da sie einen 40 Stunden Job hat, wo sie am Tag mindestens 7 Stunden sitzt. Die Rückenbeschwerden in der Brustwirbelsäule kamen von Anfang an immer öfter. Der aktuelle Zustand ist sehr schmerzhaft und kaum auszuhalten, wenn sie Abends von der Arbeit nach Hause kommt. Eine Schonhaltung wurde schon eingenommen. Aus diesem Grund ist es sehr wichtig für sie, dass die Rückenbeschwerden aufhören und sie entspannt am Schreibtisch ihre Arbeit erledigen kann. Nach der Arbeit möchte sie nach Hause laufen können ohne dauerhafte Beschwerden im Rücken zu spüren und mit einem guten Gefühl Nachts durchschlafen zu können. Durch das Training soll erreicht werden, dass die Rückenschmerzen innerhalb von 6 - 8 Monaten reduziert werden oder komplett weg sind. Im Hinblick der gesundheitlichen Voraussetzungen wird man nach 1-3 Monaten sehen, wie sich die Rückenbeschwerden verhalten. Erst dann entscheidet man, ob eine Übung ersetzt werden muss oder etwas neues ergänzt werden soll. Im Bereich Rücken wird sie nach dem Training in Richtung Mobilität gehen, um die Brustwirbelsäule auf zu dehnen und einen Einfluss auf die Schmerzen zu haben. Dieses Programm wird individuell auf die Person abgestimmt und im Laufe des Trainings optimiert.

2.4 Ziel 2: Straffung und Stärkung

Als Teilziel legte sie fest, dass sie ihren Körper gerne an bestimmten Körperpartien Straffen und Stärken möchte. Dadurch, dass sie im 3. Stock wohnt und es keinen Aufzug gibt, ist es eine starke Belastung den Einkauf bis in den 3. Stock zu tragen. Aus diesem Grund soll der komplette Körper, mit Fokus auf den Beinen, gestärkt werden um die Treppenstufen problemlos hinauf und hinunter gehen zu können. Ebenso wird sehr viel Wert auf das Spiegelbild gelegt. Im Spiegel möchte sie die zukünftige athletische Bikinifigur sehen. An bestimmten Körperpartien, hauptsächlich Bauch, Beine und Gesäß, ist die Zufriedenheit noch verbesserungswürdig. Durch das Training soll hier der Körper gestrafft werden, um die athletische Bikinifigur zu erzielen. Das Gefühl von Wohlbefinden und Selbstwertschätzung soll nach 3 – 4 Monaten sichtlich erkennbar sein. Im Hinblick auf ihre gesundheitlichen Aspekte wird dieses Ziel kein Problem sein, da es hier rein um die Straffung und Stärkung der einzelnen Muskeln geht.

2.5 Ziel 3: Ausgleich

Als Feinst Ziel nannte sie mir, dass es wichtig ist, dass sie Spaß bei dem ganzen Vorhaben hat. Aufgrund des früheren jahrelangen Tanzen ist es wichtig für sie diese Freude am Training weiterhin zu behalten. Ebenso ist es wichtig für sie einen sportlichen Ausgleich zu ihrer Arbeit zu haben, um mal auf andere Gedanken zu kommen und um neue Menschen kennenzulernen. Schon ab Tag 1 sollte hier ein Erfolg ersichtlich sein. Hier steht ganz klar der Spaß im Vordergrund, somit haben ihre gesundheitlichen Voraussetzungen keinerlei von Bedeutung.

3 Trainingsplanung Makrozyklus

Tabelle 5 - Makrozyklus

Makrozyklus						
Zyklus	Mesozyklus 1	Mesozyklus 2	Mesozyklus 3	Mesozyklus 4	Mesozyklus 5	Mesozyklus 6
Zyklusdauer	4 Wochen	8 Wochen	4 Wochen	4 Wochen	8 Wochen	4 Wochen
Kalenderwoche	10. - 14.	15. - 23.	24. - 28.	29. - 33.	34. - 42.	43. - 47.
Trainingsmethodik	KA	HT	MK	KA	HT	MK
Trainingseinheiten/ Woche	2x	3x	2x	2x	3x	2x
Organisationsform	GK	GK	GK	GK	GK	GK
Anzahl Übungen pro Muskelgruppe	1 bis 2	2 bis 3	1	1 bis 2	2 bis 3	1
Anzahl der Sätze	2 bis 3	3 bis 4	4 bis 6	2 bis 3	3 bis 4	4 bis 6
Satzpausen	40 - 50 Sek	60 - 90 Sek	180 - 300 Sek	40 - 50 Sek	90 - 120 Sek	180 - 300 Sek
Wiederholungs - zahl	20	12	1-5x	20	12	1-5x
Intensität	Borg Skala 18	Borg Skala 15-16	Borg Skala 20	Borg Skala 18	Borg Skala 15-16	Borg Skala 20
Bewegungstempo (TUT)	2-0-1	2-0-2	3-0-1	2-0-1	2-0-2	3-0-1
Muskel pro Woche	2x	3x	2x	2x	3x	2x
Legende	KA=Kraftausdauer, HT=Hypertrophie, MK=Maximalkraft					
	GK= Ganzkörper					
	TUT= time under tension					

3.1 Trainingsmethodik

Aufgrund, dass sie seit einem Jahr ohne richtigen Trainingsplan trainiert, besteht der erste Mesozyklus aus der Trainingsmethodik Kraftausdauer. Hier sollen sich die Muskeln an den genauen Bewegungsablauf der Übungen anpassen und gewöhnen (Bracht, 2019). Außerdem wird in den 4 Wochen geschaut, ob sie mit den Übungen zurecht kommt oder ob man noch etwas am Trainingsplan verändern müssen.

Darauf folgt das Hypertrophie Training für 8 Wochen. Dabei gehen wir in das Muskelaufbautraining, um die Rückenmuskulatur zu stärken und den Rest des Körpers zu straffen und zu formen. Nach den 8 Wochen folgt das Maximalkrafttraining, um den gesamten Körper auf das nächste Level zu hieven und um eine Belastungssteigerung erzielen zu können. (Bracht, 2019)

3.2 Belastungsparameter

Der Trainingsplan spezialisiert sich auf das Kraftausdauertraining, auf das Hypertrophie Training und das Maximalkrafttraining (Gründe dafür siehe „Trainingsmethodik").

Die Übungen pro Muskelgruppe stellen sich aus dem Hauptziel zusammen. Dadurch, dass der Rücken das Wichtigste für sie ist, werden hier 2-3 Übungen pro Muskel ausgeführt.

3.2.1 Intensität

Die Intensität wird durch das Belastungsempfinden mit der Borg Skala definiert. Bei der Trainingsmethodik Kraftausdauer erzielt man ein Muskelversagen, auf der Borg Skala bei 18 (85-95%). Hypertrophie beschränkt sich zwischen 15 und 16 (80-85%), um den Muskel aufzubauen und kein Muskelversagen zu erzielen. Das Maximalkrafttraining steht bei 100%, auf der Borg Skala bei 20, um ein gezieltes Muskelversagen zu verursachen. (Fröhlich, 2004)

3.2.2 Organisationsform

Da jeder Muskel mindestens 2x die Woche trainiert werden soll, um einen schnellen Fortschritt erzielen zu können, ist vorgegeben 3x die Woche in das Training zu kommen, um den gewünschten Effekt in dem Zeitraum von 1-8 Monaten erzielen zu können.

Die Organisationsform ist das Ganzkörpertraining, aufgrund der zeitlichen Begrenzung und des Einstiegs in das Krafttraining.

3.2.3 Periodisierung

Der Körper passt sich nach einiger Zeit an bestimmte Belastungen im Training an, so dass die Leistung nicht mehr ansteigt. Durch eine Belastungsvariation - die Periodisierung - lässt sich ein langfristiger Leistungsaufbau realisieren.

Optimalerweise werden die Trainingsmethoden alle 3-10 Wochen gewechselt. Je fortgeschrittener die Person bzw. je höher die Leistungsfähigkeit, desto kürzer sollten die Phasen gestaltet werden. (Akademie-sport-gesundheit.de)

4   Trainingsplanung Mesozyklus

Tabelle 6 - Mesozyklus

Mesozyklus 3: Hypertrophie								
Zyklusdauer: 8 Wochen		KW: 15 bis 22			Jahr: 2019			
Mesozyklus	Mikro1	Mikro2	Mikro3	Mikro4	Mikro5	Mikro6	Mikro7	Mikro8
KW	15	16	17	18	19	20	21	22
Organisationsform	GK	GK	GK	GK	GK	GK	GK	GK
spezifisches Trainingsziel	HT	HT	HT	HT	HT	HT	HT	HT
Wiederholungszahl	12	12	12	12	12	12	12	12
Belastungszeit	48 Sek.	48 Sek.	48 Sek.	48 Sek.	48 Sek.	48 Sek.	48 Sek.	48 Sek.
Bewegungstempo (TUT)	2-0-2	2-0-2	2-0-2	2-0-2	2-0-2	2-0-2	2-0-2	2-0-2
Satzpausen	90-120 Sek	90-120 Sek	90-120 Sek	90-120 Sek	90-120 Sek	90-120 Sek	90-120 Sek	90-120 Sek
Intensität	Borg Skala 15-16	Borg Skala 15-16	Borg Skala 15-16	Borg Skala 15-16	Borg Skala 15-16	Borg Skala 15-16	Borg Skala 15-16	Borg Skala 15-16
Sätze pro Muskel	1-3	1-3	1-3	1-3	1-3	1-3	1-3	1-3
Übungen pro Muskel	1-3	1-3	1-3	1-3	1-3	1-3	1-3	1-3
Trainingseinheiten pro Woche	3x	3x	3x	3x	3x	3x	3x	3x
Legende	GK=Ganzkörper, HT=Hypertrophie							

4.1   Mikrozyklus

Tabelle 7 - Mikrozyklus

Mikrozyklus : Hypertrophie			
Dauer: 8 Wochen	KW: 15 - 22	Jahr: 2019	
Übungsauswahl	Wiederholungen	Sätze	Satzpause
1 Vorgebeugtes Langhantel Rudern	12	4	60 - 90 sek
2 Butterfly an der Maschine	12	3	60 - 90 sek
3 Squats frei mit der Langhantel	12	4	60 - 90 sek
4 Face Pulls im Stehen am Kabelzug	12	2	60 - 90 sek
5 Unterarmstütz	30 - 45 sek	3	60 - 90 sek
6 Rückenstrecker	12	2	60 - 90 sek

4.2 Konzept der Übungsauswahl

Das Konzept der Übungsauswahl basiert auf dem Prinzip der Grundübungen. Diese sind komplexe Übungen und geben dem Körper eine Gesamtstärke. Bei dem Trainingsplan steht der Fokus darauf, dass sie sowohl an den Maschinen, an den Kabelzügen und mit freien Übungen arbeitet. Dadurch, dass sie im Alltag sehr viel sitzt auf der Arbeit, ist es wichtig für sie nicht nur sitzende, sondern auch stehende Übungen auszuführen. Der Schwerpunkt bei dem Training liegt auf dem Rücken, aufgrund ihrer Beschwerden im Brustwirbelbereich. Hier ist es wichtig die Muskulatur rund um die Beschwerden zu stärken, um die Rückenschmerzen zu lindern. Die Übungsauswahl von 6 Übungen reichen vollkommen aus, um das Hauptziel, den Rücken zu stärken und die Schmerzen zu lindern. Ergänzend mit der Zeit wird individuell entschieden, ob noch Übungen für die Arme, Schulter oder Beine hinzugefügt werden.

Zu Beginn startet sie mit dem vorgebeugten Langhantel Rudern, hier wird die Retraktion der Schulterblätter, die Retroversion des Schultergelenks und die Flexion des Ellenbogengelenks beansprucht. Die beanspruchte Muskulatur ist hauptsächlich der M. trapezius pars transversa, Mm. Rhomboidei, M. latissiums dorsi. Mitwirkende Muskeln sind M. deltoideus, pars spinata, M. biceps brachii, M. brachialis, M. brachioradialis. Diese Übungen soll dazu führen, dass eine aktive Streckung der Brustwirbelsäule erzielt wird.

Das ganze wird im Stehen ausgeführt, da der Fokus in der aktiven Bewegung liegt.

Darauf folgt der Butterfly an der Maschine, um die Stützmuskulatur der Brust zu stärken. Hier ist die sitzende Variante am angemessensten dadurch, dass der Rücken an der Maschine dauerhaft gestützt ist und nicht zu Fehlhaltungen kommen kann. Hier wird das Schultergelenk beansprucht. Die hauptsächlich beanspruchte Muskulatur ist hier M. pectoralis major, M. deltoideus pars clavicularis, M. biceps brachii, M. serratus anterior. Um den gesamten Körper zu beanspruchen und eine aktive Bewegung auszuführen, folgt die Kniebeuge mit der Langhantel. Hier wird das Hüftgelenk, das Sprunggelenk und das Kniegelenk beansprucht. Die beanspruchte Muskulatur M. gluteus maximus, M. quadriceps femoris, M. tensor faciae latae, M. biceps femoris, M. gastrocnemius und M. soleus wird hier gestärkt. Als mitwirkende Muskulatur ist der gerade Bauch (M. abdominis) und der Rückenstrecker (M. erector spinae) beansprucht. Um die Rückführung der Schulter zu beanspruchen, führt sie Facepulls am Kabelzug aus. Hier wird die Schulterblattansteuerung ausgeführt. Die Flexion des Ellenbogengelenks, eine Retraktion der Schulterblätter und eine Retraktion der Schultergelenke durchgeführt. Die hauptsächlich beanspruchte

Muskulatur ist M. trapezius, M. deltoideus pars spinata, M. rhomboidei. Mitwirkender Muskel ist hauptsächlich der M. bizeps brachii. Um den Rumpfbereich zu stärken und eine gute Körperspannung zu erhalten ist der Unterarmstütz auszuführen. Hier ist das Ziel die 45 Sekunden konstant zu halten, um die Bauchmuskulatur zu stärken. Die hauptsächliche Muskulatur, welche beansprucht wird M. transversus abdominis, M. serratus anterior, M.rectus abdominis, M. obliquus externus abdominis. Mitwirkende Muskeln sind M. gluteus maximus, M. erector spinae.

Als letzte Übung wird der Rückenstrecker ausgeführt, da es wichtig ist das Training mit einer geöffneten Übung zu beenden, um aufrecht aus dem Training zu gehen. Dies geschieht dadurch, dass der gesamte Bewegungsapparat aufgerichtet wird. Die Extension der Rumpfwirbelsäule wird beansprucht. Der Hauptmuskel ist der M. erector spinae. Mitwirkende Muskeln sind M. rectus abdominis, M. obliquus externus abdominis, M. obliquus internus abdominis. Ebenso wird die Rumpfgegend gestärkt und man vermeidet Beschwerden im Lendenwirbelbereich.

5 Effekte des Krafttrainings bei Rückenbeschwerden

Tabelle 8 - Studie 1

Wer hat die Studie durchgeführt?	Hochschulambulanz der Universität Potsdam, von den Professoren Prof. Dr. med. Mayer, Dr. phil. Scharhag-Rosenberger, Dr. rer. nat. Carlsohn, Dr. med. Cassel, Dr. phil. Müller, PD Dr. med. Scharhag
In welchem Jahr wurde die Studie publiziert?	2011 (Potsdam, 2011)
Welche Forschungsfrage wurde untersucht?	Können Rückenschmerzen durch das Krafttraining gelindert werden?
Mit welchen Versuchspersonen wurde die Studie durchgeführt?	An 6700 Teilnehmern durchgeführt, woraus 121 willkürliche Untersuchungen ausgewählt wurden
Wie sah der Versuchsaufbau der Studie aus?	Es wurden mehrere relevante Publikationen, durch eine Literaturrecherche, gesammelt, diese wurden miteinander ver-

	glichen. Jede einzelne Studie lief unterschiedlich ab. Hier wurden gezielt Effekte, Effizienz und die Dosis-Wirkungsbeziehung von Krafttraining bei Älteren gesucht.
Welche relevanten Ergebnisse und Schlussfolgerungen lieferte die Studie?	Krafttraining bei Älteren führt zu einer Zunahme der Muskelkraft. Drei bis vier Trainingstage werden als Optimum pro Woche empfohlen. Krafttraining mit höheren Intensitäten ist für ältere Menschen zur Reduktion der Sarkopenie und Erhalt der motorischen Kompetenzen sinnvoll und notwendig. Ein 20-30 minütiges Krafttraining hat positive Effekte auf Risikofaktoren wie Herz-Kreiskauf-Erkrankungen, Krebs und Osteoporose.

Tabelle 9 - Studie 2

Wer hat die Studie durchgeführt?	Lilian Kura
In welchem Jahr wurde die Studie publiziert?	April 2019 (Kura, 2019)
Welche Forschungsfrage wurde untersucht?	Welche der beiden Faktoren, Kraftgewinn oder Trainingshäufigkeit, einen größeren Einfluss auf schmerzreduzierende Wirksamkeit des Rückentrainings hat.
Mit welchen Versuchspersonen wurde die Studie durchgeführt?	1395 Patienten mit Rückenbeschwerden, Zeitraum 24 Monate. 65 Prozent waren Frauen. Durchschnittsalter 47 Jahre.
Wie sah der Versuchsaufbau der Studie aus?	Hierfür wurde ein speziell entwickeltes Rückentrainingsprogramm über einen Zeitraum von insgesamt 24 Monaten beobachtet. Die muskuläre Leistungsfähigkeit und die Schwere der Beschwerden wurden

	gemessen. Messungen erfolgte nach Kriterien Kraft, Mobilität und der Kraftverhältnisse der rückenstabilisierenden Muskulatur. Das Training bestand aus funktionsgymnastischen Übungen und Krafttraining der Rumpfstabilisatoren und Nackenmuskulatur. Zusätzlich wurde ihnen das richtige Sitzen, Arbeiten und Heben gezeigt. Innerhalb von 12 Wochen konnte die Trainingsintensität gesteigert werden.
Welche relevanten Ergebnisse und Schlussfolgerungen lieferte die Studie?	Leistungssteigerung wirkt sich positiv auf die Linderung von Rückenschmerzen aus, aber die Trainingshäufigkeit spielt eine wesentlich größere Rolle.

6   Literaturverzeichnis

Akademie-sport-gesundheit.de. (kein Datum).

Bracht, T. v. (April 2019).

Fröhlich, D. M. (2004).

Herzbewegt. (kein Datum). *Herzbewegt.org.*

Kura, L. (April 2019).

Potsdam, H. d. (2011).

7   Abbildungs- und Tabellenverzeichnis

7.1   Tabellenverzeichnis